N° 147.

INSTRUCTION PASTORALE

DE

MONSEIGNEUR L'ARCHEVÊQUE DE TOULOUSE

SUR LE SPIRITISME

ET

MANDEMENT POUR LE CARÊME

DE L'AN DE GRACE 1875

Julien-Florian-Félix DESPREZ

PAR LA GRACE DE DIEU ET DU SAINT-SIÉGE APOSTOLIQUE, ARCHEVÊQUE DE TOULOUSE ET DE NARBONNE, PRIMAT DE LA GAULE NARBONNAISE, PRÉLAT ASSISTANT AU TRÔNE PONTIFICAL, ETC.

Au Clergé et aux Fidèles de notre Diocèse, salut, paix et bénédiction en N.-S. J.-C.

Nous nous préoccupions depuis quelque temps des progrès que faisaient dans notre diocèse la secte et les pratiques du Spiritisme ; et plus d'une fois nous avions songé à vous adresser sur cette matière les enseignements de la foi. Des catastrophes trop fréquentes, attribuées à cette cause, et qui portent le trouble et la désolation dans les familles, ne nous permettent pas de garder plus longtemps le silence. Nous ferons donc, cette année, du *Spiritisme* le sujet de notre instruction quadragésimale.

C'est une vérité attestée par l'expérience, qu'au moment où l'homme s'émancipe de la vraie foi, il se fait dans les profondeurs de sa nature un vide dont elle a horreur, et qu'elle comble avec des superstitions. Quand une société souffre de cette absence de Dieu dans ses convictions, il n'y a point d'illusions qu'elle ne puisse appeler pour remplir cette place inoccupée. Aussi, un penseur a écrit : « Les peuples ont besoin d'être croyants pour n'être pas crédules ; il faut « laisser des aliments sains à la foi des masses, si on ne veut pas qu'elles se « nourrissent de poison (1) ». Ce n'est pas à tort, en effet, que Satan a été appelé par un Père *le Singe de Dieu ;* il s'applique à le contrefaire afin de le supplanter ; rien de plus ordinaire, dans les siècles d'incrédulité, que de voir une fausse révélation se substituer à la vraie et les intelligences mépriser les enseignements de l'Église pour s'adonner à l'étude de la divination et des sciences occultes.

L'histoire surabonde des preuves de ce fait. Sans aller les chercher dans le passé, depuis les prestiges des magiciens d'Égypte jusqu'à ceux de la Gnose et de la Théurgie, contentons-nous de deux exemples contemporains. Le dix-huitième siècle, qui apostasia si bruyamment la foi, se passionna pour le merveilleux diabolique. Lamettrie niait Dieu et croyait aux sorcières ; un esprit fort de cette époque mourait de frayeur à la vue d'une salière renversée ; enfin, la génération élevée par Voltaire professa une dévotion insensée pour les évocations de Mesmer, et un engouement ridicule pour le charlatanisme de Cagliostro.

Et aujourd'hui, N. T.-C. F., quelle est la forme la plus commune de cette maladie ? A mesure que le rationalisme envahit la raison publique, les âmes, sevrées du surnaturel, se réfugient dans les mystérieuses assemblées du Spiritisme. Là, ceux qui contestent à Dieu le pouvoir de faire des miracles, s'extasient devant les tours de force des esprits frappeurs ; ceux qui se moquent des prophéties sacrées, adhèrent à celles de leurs *médiums* magnétiques, et des sceptiques qui traitent les anges et les démons comme des chimères, conversent sérieusement avec les génies de leur guéridon parlant.

Certes, si les évocations du Spiritisme ne sont pas des séances de prestidigitation, il faut avouer qu'elles constituent un victorieux démenti jeté par Satan

(1) Charles Bonnet.

lui-même à la face du matérialisme contemporain. Si elles sont mensongères, il faut convenir qu'elles sont une honteuse mystification pour leurs adeptes. Dans l'un et dans l'autre cas, le Spiritisme est coupable, et il tombe sous les anathèmes de l'Église. Il est donc de votre devoir, vous tous qui êtes chrétiens, de fuir ces dangereuses pratiques, et c'est le nôtre de vous signaler les dangers qu'elles font courir à votre foi, à votre moralité et au repos de votre vie.

Le Spiritisme se présente à nous tout à la fois comme doctrine, comme procédé pratique et aussi comme société religieuse.

Comme doctrine, il enseigne qu'il existe naturellement un commerce avec les morts; qu'en vertu de certaines formules et de certains actes, nous forçons les âmes de l'autre monde à revenir sur cette terre, et à entrer en communication avec nous; enfin qu'interrogées par nous, elles rendent des réponses qui sont l'expression infaillible de la vérité. Tel est le dogme fondamental du Spiritisme, sans compter d'autres erreurs que nous aurons à vous exposer.

Comme procédé pratique, le Spiritisme enseigne les moyens de se mettre en rapport avec les morts, les interroge, recueille leurs réponses, et en fait la règle de sa conduite.

Comme société religieuse, le Spiritisme se dresse en face de l'Église catholique, et nie ses dogmes, ses sacrements, sa liturgie; prétendant purifier la religion des vaines cérémonies et garder de tous les cultes ce qui fait l'essence même de l'hommage à la Divinité.

A ce triple point de vue, le Spiritisme, N. T.-C. F., est également digne de notre exécration; car il est en opposition : 1° avec les prescriptions divines; 2° avec la foi et la morale évangéliques; 3° avec l'autorité de l'expérience; 4° avec la santé des esprits.

I. Considérez, en effet, le dogme fondamental du Spiritisme, celui de la communication avec les morts; quoi de plus contraire à la loi de Dieu? Sans doute, l'Église catholique reconnaît un saint commerce avec les morts. La prière est le lien mystérieux formé par Dieu lui-même, pour unir les habitants de cette terre avec les âmes qui l'ont quittée. Ces âmes sont-elles déjà en possession du bonheur éternel? nous les honorons et nous les invoquons; sont-elles dans les flammes expiatrices? nous offrons pour elles le Saint-Sacrifice et nos satisfactions. Mais nous ne troublons pas leur repos par des interrogations sacrilèges à leur adresse.

Rien de plus louable que de secourir les morts, rien de plus païen que de les consulter; rien de plus moralisant que de monter vers les Saints par l'amour et par l'imitation de leurs vertus, rien de plus impie que de vouloir les faire redescendre sur la terre. En un mot, si les relations chrétiennes avec les esprits sont un principe d'élévation, les relations spirites sont une source d'hallucinations qui égarent toujours et qui dégradent quelquefois.

C'est pour cela que Moïse dit dans trois livres du Pentateuque : *Qu'on n'imite point parmi vous les détestables usages des nations; qu'on n'y trouve point d'homme qui interroge les devins, qui observe les songes ou les augures; qui fasse des maléfices ou des enchantements, qui cherche la vérité auprès des morts. Tout cela est abominable aux yeux du Seigneur* (1).

Isaïe fulmine aussi contre les Spirites de son temps, qui demandaient aux morts ce qui intéresse les vivants, et qui allaient dormir sur les tombeaux pour avoir des rêves prophétiques (2). Josias, en montant sur le trône, extermine tous les magiciens et tous les autres ministres des manifestations surnaturelles qui avaient pullulé sous le règne de Manassès. En un mot, c'est la gloire de tout l'Ancien Testament de pouvoir se rendre ce témoignage : *Il n'y a point d'augure reconnu dans la maison de Jacob, ni de devins autorisés en Israël* (3).

Et le catholicisme, qui fut, dès les temps apostoliques, si intraitable contre les thaumaturges de faux aloi qui s'appelèrent Simon le Magicien et Elymas, se serait-il relâché de ses rigueurs primitives envers leurs successeurs? Autant il est respectueux pour les révélations privées, quand elles sont certifiées par l'Église, autant il est impitoyable pour celles qui procèdent du satanisme ou de la jonglerie. *Si vous vous livrez*, dit saint Paul, *à de vaines observances concernant la vertu des jours, des mois, des saisons, des années, le ministère que j'aurai exercé parmi vous sera inutile* (4).

Au temps de Tertullien, comme il nous l'apprend lui-même, les âmes des défunts étaient outragées par des opérations magiques pratiquées en vue de les contraindre à se produire. Alors, ainsi que de nos jours, un pacte conclu avec les puissances infernales pouvait faire annoncer, par les tables et par les chèvres,

---

(1) Deut. xxviii. 10. — Exode xxii. 18. — Levit. xx. 6.
(2) Is. lxv. 4.
(3) Num. xxiii. 23.
(4) Gal. iv. 10.

des choses cachées (1). Mais l'éloquent Africain se hâte d'ajouter : *Depuis l'Évangile, vous ne trouverez nulle part d'astrologue ni d'enchanteur, ni de devin, ni de magicien qui n'aient été punis* (2). Et la raison qu'il en donne est dans cette condamnation formelle du commerce avec les morts : *On évoque les âmes des défunts*, dit-il, *et ce sont les démons qui répondent à leur place* (3).

Oui, N. T.-C. F., si ce n'est pas le charlatanisme, ce sont les démons ; car, puisqu'il n'est pas permis de consulter les morts, Dieu leur refuse la faculté de satisfaire à nos vaines curiosités. En ce cas, de quelle source peuvent émaner les réponses que l'on se flatte d'obtenir d'eux ? Du seul esprit de ténèbres qui brave les ordres divins, et non d'un bon esprit qui ne saurait obéir à des interpellations défendues par le Maître du ciel et de la terre. Ainsi, le Spiritisme n'est autre chose que la communication avec les démons et un retour aux superstitions monstrueuses des peuples idolâtres.

Ne faisons donc jamais à nos morts, à ces membres souvent respectés et chéris de la famille humaine, l'injure de les confondre avec nos ennemis les plus redoutables. Quelle impiété de faire des évocations dans lesquelles nous permettons à des esprits impurs et malfaisants, d'emprunter tantôt le vénérable nom de nos ancêtres, tantôt celui des grands hommes de l'histoire, tantôt celui des saints de l'Église, tantôt même les noms ineffables de Jésus et de Marie pour nous débiter des impostures frivoles ou pervertissantes. Quand on voit des chrétiens passer fiévreusement les nuits dans ces tête-à-tête diaboliques, on se demande ce qui doit étonner davantage ou de l'aberration de sens commun qui croit à de tels enseignements, ou de l'aberration de sens moral qui joue avec de telles profanations !

« Non, non, il n'appartient qu'à Dieu, s'écrie Sixte V, dans sa mémorable
« Constitution *Creator cœli et terræ,* de connaître les événements libres de
« l'avenir. Ceux qui ont la témérité de les annoncer, sans les avoir appris de sa
« révélation, s'attribuent injustement et imprudemment ce qui est à lui seul. »

Plusieurs Conciles ont tenu le même langage, et l'immortel Pie IX vient de clore cette série imposante par un décret célèbre.

---

(1) Apolog. xxxiii.
(2) De Idol. C. ix.
(3) De Anima.

« La malice des hommes s'est accrue jusque-là, nous dit-il, que, négligeant
« l'usage licite de la science et lui préférant une curiosité coupable, avec grande
« perte pour les âmes, et au détriment de la société civile elle-même, ils se font
« gloire d'avoir trouvé l'art de la magie et de la divination. De là, les pratiques
« du *somnambulisme* et de la *claire-vue,* comme ils disent. Enlevées à elles-
« mêmes par des passes qui ne sont pas toujours décentes, des femmes préten-
« dent voir les choses invisibles, disserter sur la Religion elle-même, évoquer
« les âmes des morts, recevoir leurs réponses, découvrir les choses distantes et
« inconnues, et pratiquent témérairement mille superstitions de ce genre fort
« lucratives pour elles-mêmes et leurs maîtres. En tout cela, quel que soit l'art
« dont on se sert, ou l'illusion dont on est victime, les moyens physiques sont
« employés à produire des effets non naturels. Il y a donc tromperie entière-
« ment illicite qui tient à l'hérésie, et qui est scandaleuse au point de vue de la
« morale. »

« Pour arrêter efficacement le progrès d'un aussi grand mal, la sollicitude
« des Pasteurs doit être continuellement en éveil, ainsi que la vigilance et le
« zèle des Évêques. » (1).

Nous obéissons à cette voix auguste en élevant la nôtre en ce jour. En vérité nous sommes honteux pour notre siècle de le voir cultiver comme une de ses découvertes cette passion surannée, et adhérer à un merveilleux d'aventure en répudiant le surnaturel de la foi chrétienne. Si les théologiens du moyen âge nous rapportaient certaines apparitions fantastiques décrites par les initiés du Spiritisme, quels ne seraient pas les éclats de rire de nos libres-penseurs? Quel est celui d'entre eux qui lit l'histoire d'une possession diabolique racontée par nos saints livres sans hocher la tête? Et les voilà qui servent de ministres aux mêmes opérations, et qui en propagent la connaissance sans s'apercevoir de leurs contradictions. Les voilà lancés dans les exhibitions d'une fantasmagorie infernale, sans savoir ni les expliquer d'une manière naturelle, ni convenir de leur origine surnaturelle. Il faut avouer que Dieu se venge cruellement de l'orgueil scientifique de notre siècle; car pour le punir de repousser la foi, il l'abandonne à la nécromancie! Oui, l'avenir saura que, pendant cette époque si fière de ses progrès, il fallut tonner contre une nouvelle invasion de sorciers! Nécromanciens et sor-

(1) Du 30 juillet 1856.

ciers, en effet, furent les spirites du passé. Pourquoi ne rendrions-nous pas ce vrai nom de famille aux spirites du jour? Dans les deux cas, les formes seules sont changées, la chose est la même; c'est-à-dire la religion du démon substituée à celle de Jésus-Christ, et la perpétuité changeante du règne de Satan opposée à l'immortalité de l'Église.

II. Contraire aux prescriptions divines dans son principe fondamental, le Spiritisme ne l'est pas moins dans l'ensemble de ses dogmes et de sa morale. Comme le Catholicisme, le Spiritisme a son catéchisme; mais combien il diffère de celui de notre première communion! Ecoutez les leçons de cette révélation de Satan! Quelle est sa Trinité? C'est Dieu, la matière, les esprits. Quelle est son Incarnation? C'est l'homme passant par une série d'existences pour se purifier. Qu'est-ce que sa Rédemption? Elle n'existe pas, et ne peut pas exister, puisque la secte n'admet ni la chute en Adam, ni Adam comme père unique de la race humaine, et que, pour elle, le seul péché originel est celui que l'homme commet dans une première vie et qu'il va expier dans une seconde. Quel est son enfer? La négation formelle de l'enfer véritable, car le mot d'ordre des adeptes est d'anéantir l'idée des peines éternelles. Quel est son Purgatoire? L'émigration des coupables dans une existence inférieure, par exemple, celle de l'esprit d'un roi dans le corps d'un esclave, en attendant que par l'épuration de cette métempsychose, le même esprit remonte au point d'où il était descendu. Qu'est-ce que son Paradis? Une promenade éternelle, un voyage d'agrément sans fin, de planète en planète. Qu'est-ce que le Démon? Un vain épouvantail, car il n'y a point de mauvais anges; réponse qui vérifie cette pensée ancienne: Le triomphe de Dieu, c'est de se faire connaître, celui du démon est de se faire nier.

Et le surnaturel, que devient-il dans la doctrine du Spiritisme? Il n'est qu'un vain nom; car si les esprits entrent en communication avec les vivants de ce monde, il ne faut pas l'attribuer à la libéralité divine venant gratuitement en aide à notre infirmité; mais à la nécessité des lois qui régissent l'univers. Soyez un bon *médium*, mettez en pratique les passes et autres jongleries de convention, et les esprits ne peuvent résister à votre appel; telle est la loi de la nature. Le surnaturel n'y a aucune part.

Et la morale du Spiritisme est-elle plus chrétienne que ses dogmes? Comparons le Décalogue du Sinaï à celui de cette révélation infernale. Le premier dit : Un seul Dieu tu adoreras et aimeras parfaitement. Le second dit : Dieu est toujours parfaitement adoré, *car tous les cultes sont indifférents devant lui*. Le premier dit : Le dimanche tu garderas en servant Dieu dévotement. Le second dit : *Dieu n'a jamais exigé de sacrifices, ni mis au travail de l'homme d'autres limites que celles de ses forces.*

Le premier prescrit aux serviteurs d'honorer les maîtres, le second déclare que l'*inégalité des conditions sociales doit disparaître*. Le premier ordonne de respecter la vie humaine, le second ne reconnaît à cette vie que la dix-millième partie de son importance, puisque nous sommes appelés à vivre dix mille fois; aussi il traite le suicide comme une faute légère dont la conséquence la plus terrible sera un simple *désappointement*, et le crime de l'avortement comme peu grave, l'âme, suivant le Spiritisme, n'étant réunie au corps qu'au moment de la naissance.

Voulez-vous, N. T.-C. F., que nous poursuivions cet instructif parallèle, malgré les révoltes de notre sentiment moral? Quel est le sixième précepte du Spiritisme? Le voici écrit de sa main : *L'indissolubilité du lien conjugal est une loi contraire à la nature. Les jouissances n'ont d'autres bornes que celles qui sont tracées par cette même nature.* Quel est son septième précepte? Il est formulé dans cet axiome : *Tout moyen d'acquérir opposé à la loi d'amour ne saurait fonder une propriété légitime.* Quel est son huitième commandement? Certes, la secte n'a pas le droit d'être sévère, ni sur le mensonge, ni sur le faux témoignage; car elle signe du nom des plus grands saints, c'est-à-dire comme étant des révélations faites par eux, des doctrines formellement contraires à la foi qu'ils professèrent. Enfin, l'Évangile nous apprend que n'ayant qu'une âme nous commettons un mal irréparable en la perdant; mais le Spiritisme nous affirme que cette âme devant passer par dix mille existences, il importe peu de l'aventurer dans une épreuve, puisque l'on peut toujours la sauver dans une autre.

Est-ce assez de divagations et de folies? Non, la morale de cette diabolique invention, après avoir corrompu l'individu, doit porter le froid et la désolation au foyer domestique. La doctrine de la métempsychose étant admise, c'est-à-dire la renaissance perpétuelle des mêmes âmes dans des corps différents, par ce seul fait, toute intimité de famille est menacée. Vous qui habitez sous un même toit, et qui savourez le bonheur d'être ensemble, sortez de votre illusion. Qui sait si ce n'est pas l'esprit de Caïn que vous embrassez dans votre frère, celui d'Absalon dans votre fils, celui d'Hérodiade dans votre fille, celui du mauvais larron dans votre serviteur? Ne vous vantez plus d'être Français de vieille souche, car sous Jules César vous faisiez la guerre aux Gaulois ; pendant les croisades vous combattiez avec les Turcs, et quand vos fils vous croiront ensevelis sous le sol de la patrie, vous serez ressuscité dans le corps d'un général allemand.

Enfin, le Spiritisme, après avoir démoralisé les individus et les familles, jette l'outrage à la mémoire des morts. Par lui, saint Jean, saint Augustin, saint Louis, saint Vincent de Paul, ont été sommés de couvrir d'impudents blasphèmes de leur nom vénérable! Ne l'a-t-on pas vu évoquer les grandes âmes de Bossuet, de Fénelon, des Pères de Ravignan et Lacordaire, pour leur faire prêcher des doctrines contraires à celles qu'ils enseignaient avec tant d'éloquence durant leur pèlerinage mortel? Enfin, dernier trait des profanations spirites, votre père avait vécu en parfait chrétien, une sainte mort avait couronné sa belle existence, vous vous consoliez d'une aussi grande perte par l'assurance que son âme avait reçu de Dieu la récompense de sa vertu. Mais, illusion! Le Spiritisme a évoqué cette âme ; elle déclare que sa vie a été une hypocrisie continuelle, et que sa part est avec les méchants (1).

Voilà, N. T.-C. F., le symbole et les commandements que le Spiritisme promulgue, tout en déclarant hypocritement qu'il élimine les questions de controverse religieuse. Voilà comment il renverse la vraie révélation, tout en affirmant qu'il ne s'en occupe pas. Voilà ce qu'il offre à un pays, malade de ses vices et de ses revers, pour son relèvement et sa guérison. O Croix du Calvaire, ô Evangile de Jésus-Christ! ô croyances qui avez fait les dix-huit siècles de la civilisation chrétienne, comment peut-on vous délaisser pour de telles rêveries!

Et maintenant rappelez-vous que les adeptes de cette secte se comptent en France par centaines de mille, que des journaux de propagande sont fondés pour en accroître le nombre le plus possible; enfin, que cette prétendue religion tend à devenir le culte des sociétés secrètes, et, vous en conviendrez, il faut être aveugle pour ne pas voir que cet embrassement des puissances infernales, au-dessous des bases de l'ordre social, nous prépare le plus grand tremblement de terre qui ait secoué l'Église et l'Europe.

(1) Cet exposé des doctrines spirites est tiré et souvent cité des écrits de la secte : *Livre des Esprits. Livre des Médiums.*

III. Comme pratique opposée aux prescriptions divines et particulièrement à la vertu de religion, le Spiritisme est donc une superstition ; envisagé comme système de croyances et de préceptes, il constitue une fausse religion ; considéré comme moyen d'investigation et de connaissance, supérieur aux lois de l'expérience, il est une source de mystifications.

Que vous proposez-vous, N. T.-C. F., en allant consulter les esprits? ou bien de chercher uniquement des récréations émouvantes ; dans ce cas, votre participation à ces conventicules défendus n'a point d'excuse raisonnable ; ou bien d'apprendre quelque chose de certain pour en tirer des conclusions utiles à votre conduite ; dans ce cas, vous vous exposez aux aberrations les plus grossières. La foi vous a déjà dit que Dieu vous interdisant les évocations des esprits, seuls les esprits de mensonge qui bravent l'autorité divine peuvent se rendre à votre appel, en telle sorte que s'ils vous répondent la vérité un jour, c'est pour accréditer leurs impostures du lendemain. Mais voici ce que la raison vous dit après la foi : l'expérience est une lumière établie par la sagesse de Dieu ; or, puisque le Spiritisme tend à détruire cette certitude, en substituant aux réalités qui la composent des visions suspectes, Dieu se doit à lui-même et nous doit de ne pas permettre aux révélations diaboliques de prévaloir contre ses lois.

Loin de nous la pensée de nier la possibilité des communications entre le monde visible et le monde invisible. Les saintes Écritures et l'histoire de l'Église nous apprennent que Dieu a souvent parlé par la voix de ses Anges et de ses Saints ; mais c'était dans des conditions conformes aux enseignements de la foi et garanties par le contrôle infaillible de l'Église. Aussi ces communications, sous forme de révélation privée ou publique, sont-elles devenues la boussole de la raison humaine. Le Spiritisme, au contraire, converse avec le monde invisible au mépris des injonctions divines et de l'autorité de l'Église. Aussi ses révélations sont-elles un chaos où le bon sens et la raison sombrent au lieu de trouver à s'orienter.

Et de fait, N. T.-C. F., quelles vérités avons-nous apprises du Spiritisme, depuis plus de vingt ans qu'il a fait invasion dans la société? S'il était ce que prétendent ses propagateurs, quel précieux instrument de découvertes pour les sciences, quel puissant auxiliaire pour les arts, l'industrie et les mille détails de la vie pratique? Et cependant, consultons l'expérience et nous verrons que son partage a été la stérilité dans toutes les branches du savoir humain. Citeznous une découverte due à l'évocation des esprits, une prophétie véritable, c'est-à-dire l'annonce d'événements futurs encore cachés, soit aux connaissances certaines, soit aux conjectures des hommes. Les astronomes ont-ils appris des esprits évoqués le cours des astres et l'apparition des comètes? Sont-ils aidés par les morts dans leurs arides calculs? Les ingénieurs qui ont tracé nos chemins de fer ou percé nos montagnes, ont-ils consulté pour la solution de leurs difficultés les *frappeurs* d'outre-tombe? Les chercheurs d'or ont-ils trouvé par les mêmes intermédiaires quelque mine précieuse en Californie? La médecine s'est-elle enrichie, par là, de quelque recette nouvelle pour la guérison de nos maladies? Avant de vous garantir contre l'incendie et la grêle, les Compagnies d'assurances prennent-elles des informations auprès des esprits?

Quand les *mediums* sont mis en activité, quand ces modernes sibylles montent sur leurs trépieds pour rendre leurs oracles, qui vous rendra témoignage de leur clairvoyance et de leur sincérité? On les consulte sur une alliance de famille; qui vous répond qu'elles ne sont pas payées pour favoriser une passion coupable ou une criminelle cupidité? Auriez-vous plus de confiance au remède qu'elles vous prescriront contre la fièvre qui vous dévore? Que penseriez-vous d'un médecin qui, au lieu de sonder votre plaie, s'amuserait à consulter les esprits? D'un pharmacien qui préparerait sa potion selon des formules signées par les revenants? Livreriez-vous votre vie, ou même vos marchandises, au conducteur de train qui marcherait sous la conduite de telles inspirations? Compteriez-vous sur la victoire un jour de combat, si le général placé à la tête de nos bataillons s'en rapportait aux dires des *médiums* plutôt qu'aux enseignements des stratégistes? Vous souriez à de telles questions, N. T.-C. F., et vos sourires sont l'arrêt même du bon sens contre ces folles consultations. Oui, le bon sens public en reléguant le Spiritisme loin du monde pratique, a porté contre lui sa sentence définitive et l'a rangé parmi les rêveries qui peuvent un instant divertir les esprits crédules, mais qui s'évanouissent devant les clartés du bon sens (1).

Il peut donc être vrai que les esprits répondent aux interpellations d'un *médium*, parce qu'ils sont des intelligences; il peut même se faire qu'ils répondent des choses élevées, parce qu'ils sont des intelligences supérieures. Mais il n'est pas possible qu'ils enseignent, ni une science certaine, parce qu'ils sont des

---

(1) *Le Spiritisme*, par le R. P. Nampon, *passim*.

esprits de mensonge, ni une science utile, parce que le caractère de la parole de Satan, comme celui de Satan lui-même, c'est la stérilité. De cette sorte, la borne posée par le Créateur entre le monde de la connaissance naturelle et celui des visions surnaturelles n'est pas déplacée, et le Spiritisme lui-même témoigne pour Dieu dans ses découvertes, en ce sens qu'il n'a jamais rien découvert, rien accrédité, rien établi de contraire aux lois de l'ordre divin.

IV. Instrument inutile pour la découverte de la vérité, l'avancement des sciences, le progrès de l'industrie et la pratique de la vie, le Spiritisme est de plus un poison mortel pour les intelligences, car l'expérience est là pour attester qu'il conduit souvent à la folie.

Ce n'est pas impunément que l'on s'abouche avec les interlocuteurs mystérieux des tables tournantes ; il en reste une sorte d'étourdissement et d'exaltation mentale qui aboutissent souvent aux catastrophes. Quand l'homme cesse de marcher à la lumière des principes éternels, pour se mettre sous la conduite des fantômes, il en est puni par des écarts et des perturbations de plus d'un genre. Sous ce rapport, le Spiritisme est pour le cerveau comme l'opium ou comme le chloroforme. Malheur à qui n'en use pas avec prudence ; il s'expose à expier cette passion par des hallucinations effrayantes. Et ceci, N. T.-C. F., n'est pas une théorie sans fondement. Aux Etats-Unis, on a constaté que le Spiritisme est pour un sixième dans les cas de suicide et de folie. Dans un rapport adressé à la Société des Études Médicales de Lyon, on déclare hors de doute qu'il peut prendre place au rang des causes les plus fécondes d'aliénation mentale. Il devrait donc, comme toutes les institutions malfaisantes, être l'objet d'une surveillance active et d'une énergique répression ; car si les victimes de la secte ont à répondre devant les tribunaux des crimes auxquels elle les entraîne, pourquoi la secte elle-même serait-elle à l'abri de toute responsabilité ? Sans compter que la folie causée par le Spiritisme devient souvent furieuse, et, alors, ou bien les initiés, surexcités par leurs rapports avec les puissances infernales, tournent contre leurs semblables l'ardeur qui les dévore, et vont se réveiller bientôt de leur homicide monomanie sur les échafauds ; ou bien, ils s'arment contre eux-mêmes d'une rage suicide et lèguent à leurs familles des deuils que l'espérance ne console pas. Preuve nouvelle ajoutée à tant d'autres que le Spiritisme est la religion de *celui qui fut homicide dès le commencement du monde.*

Laissez-nous espérer, N. T.-C. F., que ce cri de notre sollicitude pastorale sera entendu. Dociles à cet enseignement, aussi essentiellement conservateur de la raison publique que de la foi chrétienne, rompez tous vos engagements avec le faux mysticisme, avec le rationalisme superstitieux que nous venons de stigmatiser. Ne contribuons ni par notre présence, ni par nos cotisations aux succès des réunions ou de la propagande spirite. Brûlons les livres, repoussons les journaux qui traitent de ces matières. N'écoutons jamais, sur les questions de foi, la voix d'aucune autre Société que l'Église, vivant toujours en conformité avec cette parole de l'Apôtre : *S'il arrivait qu'un Ange descendît du Ciel pour vous enseigner quelques dogmes en dehors de ceux que nous vous avons prêchés, vous devriez lui dire anathême* (1).

Et vous, nos Chers Collaborateurs des villes et des campagnes, répandez l'instruction sur ce sujet important dans la mesure qui convient aux besoins de vos troupeaux. Faites savoir que les écrits en faveur du Spiritisme sont mis à l'index ; que fréquenter les cercles spirites, avec intention d'adhérer à la doctrine, c'est apostasier la Sainte-Église et encourir l'excommunication ; enfin, publiez que l'enseignement d'aucun esprit ne doit prévaloir contre celui de la chaire de Pierre qui est l'enseignement de l'Esprit de Dieu lui-même. Rien ne peut terminer avec plus d'autorité notre instruction sur ce point, que la parole même du Siége Apostolique, adressant aux Évêques cette exhortation qu'à notre tour nous adressons aux Curés et aux Confesseurs : « Qu'ils emploient, avec le « secours de la grâce, tantôt les avertissements d'une charité paternelle, tantôt « les reproches sévères, en un mot, tous les remèdes que le Droit leur fournit et « tous les moyens qu'ils jugeront expédients, eu égard aux circonstances, afin de « réprimer et d'extirper ces pratiques abusives du magnétisme, et qu'ainsi le « troupeau de Jésus-Christ soit défendu contre l'homme ennemi, le dépôt de la « foi conservé dans son intégrité, et les mœurs des fidèles préservées de la cor- « ruption (2). »

(1) Act. xx. 28.
(2) Décret cité plus haut.

A CES CAUSES :

Après en avoir conféré avec nos Vénérables Frères, les Dignitaires, Chanoines et Chapitre de notre Insigne Église Métropolitaine,
Nous avons ordonné et ordonnons ce qui suit :

Article premier.

Nous recommandons aux Fidèles de notre Diocèse de sanctifier le Carême et de se préparer au devoir Pascal par l'assiduité aux Offices de l'Église, par la fuite des occasions du péché, la pratique des bonnes œuvres, le pieux exercice du Chemin de la Croix et celui de la Prière en commun dans les familles.

Art. 2.

Nous invitons MM. les Curés à multiplier les instructions pendant le Carême, et à se prêter, à cet effet, un mutuel concours. Nous permettons de donner, après ces instructions, la bénédiction du T.-S. Sacrement, pendant la semaine avec le S. Ciboire, et le dimanche avec l'Ostensoir.

Art. 3.

Nous rappelons aux Fidèles parvenus à l'âge de raison qu'ils sont tenus à l'abstinence du Carême, et à ceux qui ont atteint l'âge de vingt et un ans accomplis, qu'ils sont, de plus, obligés au jeûne, s'ils n'ont point de dispense légitime.

Art. 4.

En vertu de l'Indult de N. S. Père le Pape, en date du 11 décembre 1873, nous accordons, pour cette année, aux lois de l'Eglise, les adoucissements qui suivent :

1° Nous autorisons l'usage des aliments gras le dimanche à tous les repas, et une fois par jour, au repas principal, les lundis, mardis et jeudis du Carême, y compris le jeudi après les Cendres, jusqu'au jeudi de la semaine de la Passion inclusivement.

Les personnes légitimement dispensées du jeûne peuvent seules étendre l'usage des aliments gras à tous les repas du lundi, du mardi et du jeudi.

2° Le mélange, aux mêmes repas, de la viande et du poisson est rigoureusement interdit, même le Dimanche.

3° Il est permis d'apprêter les aliments à la graisse tous les jours de jeûne et d'abstinence de l'année et du Carême, même pour la collation, excepté le mercredi des Cendres et les trois derniers jours de la Semaine Sainte.

4° Il est encore permis de faire usage de lait, de beurre et de fromage tous les jours de jeûne de Carême et de l'année, même à la collation.

5° Enfin, nous autorisons l'usage des œufs pendant tout le Carême, mais non pour la collation, ni les trois derniers jours de la Semaine Sainte.

Art. 5.

En vertu d'un autre Indult Apostolique, du 11 décembre 1873, nous dispensons, jusqu'à la publication de notre Mandement pour le Carême de 1876, tous les Fidèles de notre Diocèse de l'abstinence du samedi, exceptant tous les samedis consacrés par le jeûne.

Art. 6.

Les permissions relatives au Carême sont accordées à la charge de remettre au bassin des dispenses, dans les paroisses respectives, l'aumône accoutumée. Ces aumônes sont affectées à l'entretien des œuvres diocésaines et en particulier aux besoins pressants de nos petits Séminaires (1).

Conformément à l'Indult précité, nous exhortons les Fidèles qui, pendant l'année, feront usage de viande le samedi, à racheter par d'autres bonnes œuvres et par les aumônes envers les pauvres, ces adoucissements à la rigueur de la loi.

Art. 7.

Le Canon du Concile de Latran, concernant le devoir Pascal, ainsi que l'Ordonnance du 21 décembre 1858, seront publiés au Prône le quatrième Dimanche de Carême.

(1) Nous recommandons de faire partout la collecte pour la *Dispense* avec les soins que réclame sa destination.

Art. 8.

Le temps fixé pour la Communion Pascale commencera le Dimanche de la Passion, 14 Mars, et finira le second Dimanche après Pâques, 11 Avril inclusivement.

Art. 9.

Nous recommandons instamment à MM. les Curés de donner à leurs paroissiens la plus grande liberté pour le choix de leur confesseur.

Conformément aux traditions du Diocèse, nous accordons à tous les Prêtres approuvés la faculté d'absoudre de tous les cas simplement réservés, pendant le Carême et jusqu'à la fête de la Sainte-Trinité inclusivement, et depuis le commencement de l'Avent jusqu'au 31 décembre.

Art. 10.

Le saint jour de Paques et le jour de Noël, une quête sera faite dans toutes les Églises et Chapelles de notre Diocèse en faveur de l'*Œuvre du Denier de Saint-Pierre*. MM. les Curés et Aumôniers auront soin de l'annoncer de nouveau et de la recommander aux Fidèles, le Dimanche des Rameaux, et le 4ᵉ Dimanche de l'Avent.

Art. 11.

Conformément à diverses dépêches de S. Exc. le Ministre des affaires étrangères, nous recommandons à la sollicitude des Fidèles les Sanctuaires vénérables de la Palestine, qui ont tant besoin des secours des catholiques du monde. Un bassin en faveur des Lieux-Saints sera déposé, le Jeudi et le Vendredi Saints, à la porte des Eglises et Chapelles de la ville de Toulouse. Le produit en sera versé au Secrétariat de l'Archevêché pour être immédiatement adressé à sa pieuse destination.

Art. 12.

Et seront la présente Instruction pastorale et le Mandement qui la termine lus et publiés au prône de la Messe paroissiale dans toutes les Églises, Chapelles, Communautés religieuses, Collèges et Hospices de notre Diocèse, le Dimanche de la Quinquagésime, et affichés partout où besoin sera.

Donné à Toulouse, le 5 janvier de l'an de grâce 1875, 24ᵉ anniversaire de notre Consècration Épiscopale.

✝ FLORIAN, *Archevêque de Toulouse.*

Par Mandement de Mgr l'Archevêque :

CAUJOLLE, *Secrét.-Gén., Chan. Hon.*

AVIS

I. La Retraite Ecclésiastique commencera le dernier lundi du mois d'août; elle sera prêchée par M. Pergeline, dont le talent et le zèle ont déjà laissé parmi nous de si précieux souvenirs.

II. Immédiatement après Pâques, nous visiterons les paroisses de l'Archiprêtré de Saint-Gaudens. Nous publierons en temps opportun l'itinéraire détaillé.

Toulouse. — Édouard PRIVAT, imprimeur de l'Archevêché, rue Tripière, 9 — 8

AVIS ESSENTIELS

I

Nous regardons comme un devoir d'inviter Messieurs les Curés à rappeler à leurs paroissiens les défenses de l'Église touchant la célébration des noces pendant la Sainte Quarantaine.

S'ils estiment qu'il y ait lieu, pour de graves motifs, d'accorder une dispense, ils nous en feront eux-mêmes la demande par écrit.

Dans le cas où la dispense sera accordée, nous n'entendons pas autoriser la célébration d'un mariage les jours où l'usage des aliments gras est interdit, ni durant le temps de la Passion.

II

Nous conjurons instamment Messieurs les Curés de verser entre les mains de Messieurs les Doyens toutes les sommes qu'ils ont à faire parvenir au Secrétariat, comme cela se pratique dans presque tous les diocèses.

Par ce moyen si simple, on évitera dans nos bureaux un encombrement qui peut quelquefois devenir une source d'erreurs dans les comptes, et qui est toujours une cause de retards regrettables dans l'expédition d'importantes affaires.

III

Nous avertissons tous les ecclésiastiques qui sont tenus à la récitation de l'Office Divin qu'à partir de l'année prochaine, les Offices récemment prescrits par le Saint-Siége ne figureront plus dans l'*Ordo*. Ils n'ont qu'à les détacher de l'*Ordo* actuel et à les insérer dans le bréviaire. Les nouveaux sous-diacres les trouveront chez notre imprimeur.

On y trouvera également la Messe de saint Boniface (5 juin), qui est Propre et ne doit pas être prise du Commun.

www.ingramcontent.com/pod-product-compliance
Lightning Source LLC
Chambersburg PA
CBHW071449060426
42450CB00009BA/2358